BEI GRIN MACHT SICH IHR WISSEN BEZAHLT

AF145487

- Wir veröffentlichen Ihre Hausarbeit, Bachelor- und Masterarbeit

- Ihr eigenes eBook und Buch - weltweit in allen wichtigen Shops

- Verdienen Sie an jedem Verkauf

Jetzt bei www.GRIN.com hochladen und kostenlos publizieren

Data Vault Modellierung anhand eines Kassenbons

Monika Arbter-Hubrich

Bibliografische Information der Deutschen Nationalbibliothek:

Die Deutsche Nationalbibliothek verzeichnet diese Publikation in der Deutschen Nationalbibliografie; detaillierte bibliografische Daten sind im Internet über http://dnb.d-nb.de abrufbar.

ISBN: 9783346329356
Dieses Buch ist auch als E-Book erhältlich.

Druck und Bindung: Books on Demand GmbH, Norderstedt Germany
Gedruckt auf säurefreiem Papier aus verantwortungsvollen Quellen

Das vorliegende Werk wurde sorgfältig erarbeitet. Dennoch übernehmen Autoren und Verlag für die Richtigkeit von Angaben, Hinweisen, Links und Ratschlägen sowie eventuelle Druckfehler keine Haftung.

Das Buch bei GRIN: https://www.grin.com/document/974189

IUBH University of Applied Sciences

Bachelor of Science Wirtschaftsinformatik

Fernstudium

Projektbericht Projekt

Business Intelligence

Data Vault Modellierung
am Beispiel eines Kassenbons

Verfasser

Monika Arbter-Hubrich

Abgabedatum

6. Oktober 2018

I. Inhaltsverzeichnis

Inhalt

II. Abbildungsverzeichnis

III. Tabellenverzeichnis

IV. Abkürzungsverzeichnis

ETL *Extract, Transform, Load*
IUBH IUBH University of Applied Sciences Bad Honnef
S. Seite

1 Projektziele und Vorbereitungen

Das Projektziel und der Projektzweck des auf den nächsten Seiten folgenden Projektberichts stammen aus Aufgabenbeschreibung der IUBH für das Fach Business Intelligence (IWBI02). Diese möchte ich als Einstieg zunächst kurz zitieren:

Agile Softwareentwicklung hat sich in vielen BI-Projekten etabliert. Immer häufiger wird dabei „Data Vault" als geeignete Technik für die Datenmodellierung genannt. Die Befürworter der Technik sehen darin die ideale Vorgehensweise für ein effizient erweiterbares Data Warehouse. Kritiker sind diesbezüglich skeptisch und befürchten unnötige Komplexität.

Das Ziel der Arbeit ist die Darstellung der Data Vault Modellierungstechnik am Beispiel der Warenkorbanalyse mithilfe des Kassenbons. Der Schwerpunkt liegt in der Entwicklung der Datenmodelle. Zunächst mithilfe des bekannten „Star-Schema", anschließend mit der Modellierungstechnik „Data Vault". Hierzu gilt es zunächst die Grundlagen der Data Vault Modellierung zu recherchieren. Abschließend sind die Vor- und Nachteile der eingesetzten Techniken darzustellen. (IUBH 2018)

Aus der wiedergegebenen Aufgabenstellung ergeben sich diese vier Teilziele:

- Entwicklung eines Datenmodells für einen Kassen-Bon nach dem Star-Schema mit einer Fakt- (Bon- bzw. Bonposition) und drei Dimensionstabellen (Produkt, Zeit, Ort)
- Recherche der Grundlagen von Data Vault
- Entwicklung eines Datenmodells für einen Kassen-Bon mit Data Vault
- Dartstellen der Vor- und Nachteile von Star-Schema und Data Vault

2 Projektgrundlage Beispiel-Kassen-Bon und Begriffsdefinition Warenkorbanalyse

Grundlage für die in den Datenmodellen gewählten Attribute eines Kassen-Bons ist ein Standard-Kassen-Bon der Discounter-Kette Aldi-Süd. Ein Beispiel-Kassen-Bon ist in Anhang 1 dieses Dokuments beigefügt. Dieser Kassenbon weist, neben klassischen Inhalten wie Datum, Uhrzeit und Filiale noch diese Merkmale auf:

- Wird ein Artikel häufiger als einmal gekauft, wird er mehrfach als einzelne Bon-Position mit der Menge 1 aufgeführt.
- Im Datenmodell werde ich dennoch eine Mengenangabe je Bon-Position vorsehen, um gleiche Artikel mit dem gleichen Preis zusammenfassen zu können.
- Jeder Artikel wird mit einer Artikelnummer und einer Artikelbezeichnung beschrieben.
- Manche Informationen des Kassen-Bons, wie etwa die Zahlungsart, werden zunächst nicht berücksichtigt.

Die zu modellierenden Datenmodelle sollen für den Zweck einer Warenkorbanalyse verwendet werden. Der Kassen-Bon mit seinen Metadaten und den auf dem Kassen-Bon aufgeführten Artikeln repräsentieren einen Warenkorb, den es zu analysieren gilt.

3 Vorbereitende Aktivitäten und Projektplanung

Aufgrund der Überschaubarkeit der Projektgröße wurde bewusst auf eine detaillierte Meilensteinplanung und Zeitplanung verzichtet. Da die Projektaufgabe im Rahmen eines Teilzeit-Studiums bearbeitet wird, wurde ebenfalls auf eine detaillierte Terminplanung verzichtet. Berufliche und familiäre Verpflichtungen, die häufig ungeplant hohe Zeit beanspruchen können, lassen dies auch nicht zu. Eine aufwändige Terminplanung für das Projekt wäre somit nur vage und ohne Zusatznutzen gewesen.

Vorbereitend zur Bearbeitung der Projektaufgabe wurden diese Aktivitäten identifiziert:

- Sichten und analysieren der Bestandteile eines realen Kassen-Bons anhand eines Kassen-Bons von Aldi Süd, um anhand eines realen Beispiels ein besseres Verständnis für die Ausgangslage der gegebenen Daten zu erhalten.
- Auswahl eines geeigneten Tools zur Literaturverwaltung um eine effiziente Dokumentation zu unterstützen. Hier wurde das Tool Citavi 6 gewählt. Für das Tool wird den Studierenden der IUBH eine Lizenz bereitgestellt. In einer vergangenen Hausarbeit wurde von mir Zotero genutzt, jedoch war das Handling etwas umständlich.
- Recherche und Beschaffung geeigneter Literatur zur Entwicklung des Datenmodells nach dem Star-Schema.
- Recherche und Beschaffung geeigneter Literatur zur Entwicklung des Datenmodells nach dem Data Vault Ansatz.
- Auswahl eines geeigneten Tools zur Erstellung von Datenmodellen. Die Wahl fiel auf das Tool Visual Paradigm, das bereits aus dem Kurs IOBP (Objektorientierte Programmierung) bekannt war.
- Modellierung des Datenmodells nach dem Star-Schema.
- Dokumentation der Grundlagen zum Star-Schema und des entwickelten Datenmodells.
- Recherche der Grundlagen von Data Vault in der ausgewählten Literatur und mittels Online-Recherche.
- Dokumentation der recherchierten Informationen zu Data Vault.
- Modellierung eines Datenmodells nach dem Data Vault Ansatz. Gleichzeitig vertiefende Recherchen zu Data Vault um Fragen, die während der Modellierung entstehen, zu klären.
- Dokumentation des erstellten Datenmodells und der recherchierten Erkenntnisse.
- Bewertung der beiden Ansätze.

4 Star-Schema

4.1 Das Star-Schema

Zunächst wird ein Kassenbon mit den in der Aufgabenstellung beschriebenen Fakten- und Dimensionstabellen als Star-Schema modelliert. In seinem „A Dimensional Modeling Manifesto" beschreibt

Ralph Kimball, welche Anforderungen von einem Datenmodell, das nach dem Star-Schema aufgebaut ist, unter anderem erfüllt sein müssen:

- Jedes Datenmodell besteht aus einer Fakten-Tabelle mit einem zusammengesetzten Schlüssel und einer Menge an kleineren Tabellen, den Dimensions-Tabellen
- Jede Dimensions-Tabelle hat einen Nicht-Zusammengesetzten Primärschlüssel der exakt zu einer der Komponenten des zusammengesetzten Schlüssels der Fakten-Tabelle gehört
- Die Fakten-Tabelle enthält eine oder mehrere Fakten, die nummerisch und additiv sind.
- Dimensions-Tabellen enthalten meist beschreibende Text-Informationen

(Kimball 1997)

4.2 Modellierung der Aufgabenstellung im Star-Schema

Das dargestellte Datenschema zeigt die Struktur eines Kassenbons nach dem Star-Schema:

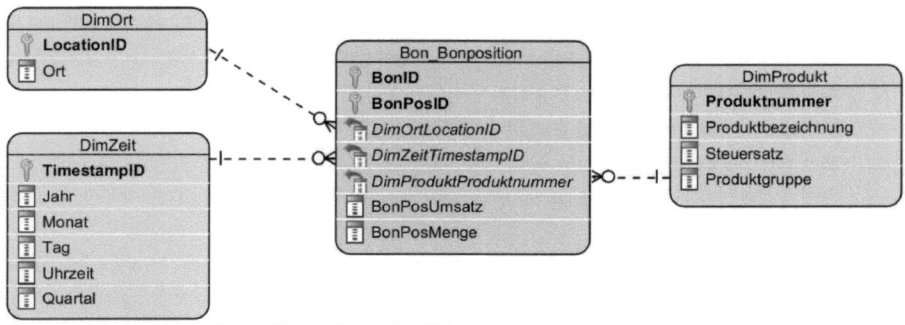

Abbildung 1- Datenschema Kassen-Bon nach dem Star-Schema

4.3 Faktentabelle Bon_Bonposition

Grundsätzlich treffe ich bei dem Datenschema die Annahme, dass eine BonID Unique, also einmalig und eindeutig, ist. Die BonID kommt in der Gesamtmenge aller Kassen-Bons nur einmal vor. Dies kann zum Beispiel sichergestellt werden, indem jeder physisch vorhandene Kassenbon tatsächlich eine eindeutige ID besitzt. Die BonID kann somit als echter Schlüssel verwendet werden. Alternativ kann auch durch vorgelagerte ETL-Prozesse je Kassenbon eine eindeutige ID über einen künstlichen Schlüssel erzeugt werden.

Da ein Produkt mehrfach, mit zum Teil auch unterschiedlichen Preisen, auf einem Kassen-Bon erscheinen kann (ein gekaufter Artikel ist im Preis reduziert der zweite identische Artikel nicht), habe ich mich dagegen entschieden, die Kombination BonID und Produktnummer als zusammengesetzten Primärschlüssel einzusetzen. Mir erschien es als sinnvoller, die BonID zusammen mit der BonPosID (Bon-Positions-ID) als zusammengesetzten Primärschlüssel zu verwenden, da diese Kombination ganz sicher eindeutig ist.

Die Option, ohne die BonID auszukommen und stattdessen einen zusammengesetzten Primärschlüssel aus der Bon-Position, dem Ort und dem Datum inkl. Uhrzeit zu bilden, wurde ebenfalls
geprüft, jedoch verworfen. Es kann passieren, dass an einem Ort gleichzeitig zwei oder mehr Bons
erstellt werden, wenn zwei oder mehr Kassen geöffnet sind. Die sicherste Variante, Datensätze eindeutig zu identifizieren ist deshalb die gewählte Variante: Eine eindeutige BonID und eine eindeutige
BonPosID.

Die Faktentabelle enthält die Werte BonPosUmsatz und BonPosMenge. BonPosUmsatz zeigt den
Gesamtumsatz je Bon-Position. BonPosMenge enthält die Menge des gekauften Produkts je Bon-
Position. Enthält ein Kassen-Bon einen Artikel mit demselben Preis mehrfach, könnten Menge und
Preis der Bon-Position im vorgelagerten ETL-Prozess bereits aggregiert werden. Wird auf eine Ag-
gregation innerhalb einzelner Kassen-Bons verzichtet, so beträgt die Menge immer 1.

Als Fremdschlüssel werden in der Faktentabelle die Schlüssel OrtLocationID, ZeitTimestampID und
und ProduktProduktnummer geführt. Sie stellen das Bindeglied zu den angegliederten Dimensions-
tabellen dar, die im nächsten Abschnitt näher beschrieben werden.

Um die Anforderungen an das Star-Schema zu erfüllen, sind in der Faktentabelle keine Attribute
enthalten.

4.4 Dimensionstabellen

4.4.1 Dimensionstabelle DimOrt

Die Dimensionstabelle DimOrt enthält als Primärschlüssel eine LocationID, welche den Ort eindeutig
identifizierbar macht. Die LocationID entspricht der Filialnummer des Kassen-Bons, ist also ein natürlicher Primärschlüssel. Im Attribut Ort wird der Name des Orts in Klartext dargestellt.

4.4.2 Dimensionstabelle DimProdukt

In der Dimensionstabelle DimProdukt wird die Produktnummer als natürlicher Primärschlüssel verwendet. Weitere Attribute sind die Produktbezeichnung, der Steuersatz und die Produktgruppe. Die
Produktgruppe ist eine Information, die nicht direkt aus dem Kassen-Bon extrahiert wird, sondern im
Rahmen der ETL-Prozesse angereichert wird. Der Produktpreis ist in der Dimensionstabelle Produkt
nicht enthalten, da der tatsächliche Preis der einzelnen Bon-Position des Kassen-Bons bereits in der
Faktentabelle enthalten ist. Der Preis in der Dimensionstabelle Produkt könnte nur den allgemein
gültigen Produktpreis darstellen und würde sich auf sämtliche Kassen-Bons auswirken. Dies sehe
ich für den Zweck einer Warenkorbanalyse als nicht sinnvoll an und würde zudem den Benutzer
verwirren, wenn er sich bei der Datenanalyse zwischen zwei Produktpreisen entscheiden müsste.

4.4.3 Dimensionstabelle DimZeit

Die Dimensionstabelle DimZeit enthält verschiedene Zeiteinheiten, nach denen die einzelnen Kassen-Bons sowie die Bon-Positionen vom Benutzer ausgewertet werden können. Als Primärschlüssel
dient die TimestampID die auch auf dem Kassen-Bon als Datum-/Zeitstempel zu finden ist.

5 Data Vault

5.1 Begriffsklärung Data Vault – Data Vault 2.0

Im weiteren Verlauf des Projektes wird der Begriff Data Vault häufig genannt werden. Wann immer Data Vault verwendet wird, beziehe ich mich dabei auf den aktuellen Standard Data Vault 2.0.

5.2 Was ist Data Vault?

Die Forschungen, um den Data Vault Ansatz zu entwickeln, begannen in den frühen 90ern. Dan Linstedt ist der Erfinder von Data Vault (Linstedt und Graziano 2011, 2 & 14).

Data Vault ist ein Konstrukt aus detaillierten, historisierten, normalisierten Tabellen. Es ist ein Ansatz, der das Beste aus der dritten Normalform und dem Star-Schema vereint. Das Design sei flexibel, skalierbar, konsistent und an die Anforderung eines Unternehmens anpassbar. Es ist ein Datenmodell, das speziell entwickelt wurde, um die Anforderungen eines modernen Data Warehouse zu treffen. Das Data Vault Modell folgt allen Definitionen eines klassischen Data Warehouse, wie es von Bill Inmon definiert wurde. Mit einer Ausnahme: Data Vault ist funktionsbasiert (im Original: functionally-based), nicht themenorientiert. (Linstedt und Graziano 2011, S. 1) Ungekürzter Originaltext in Anhang 2.

Ein wesentliches Merkmal des Data Vault Modells sind die drei verschiedenen Entitäts-Typen, die darin zum Einsatz kommen: Hubs, Links und Satelliten. Sie werden in den nachfolgenden Abschnitten detailliert beschrieben. Die Flexibilität des Data Vault Modells wird mit der starken Normalisierung oder Separierung der Datenfelder in den einzelnen Tabellen begründet. (Linstedt und Graziano 2011, S. 3) Data Vault speichert, entgegen anderer Ansätze zur Data Warehouse Modellierung, Schlüssel, deskriptive Attribute und Beziehungsinformationen konsequent in getrennten Tabellen. (Trahasch und Zimmer 2016, S. 74)

Die im Anhang 3 dargestellte Grafik gibt nochmals einen kurzen Überblick über die Stellung von Data Vault als Modell für ein Data Warehouse innerhalb der BI-Referenzarchitektur. Data Vault kommt zwischen der Schicht der vorgelagerten Staging Area und der darauffolgenden Informationsbereitstellungs-Schicht zum Einsatz.

5.3 Hubs

Ein Hub bezeichnet eine Tabelle mit eindeutigen, natürlichen Schlüsseln. Diese werden Business Keys genannt. Beispiele hierfür sind Rechnungsnummer, Artikelnummer oder Kundennummer. Zusätzlich werden als Werte das Ladedatum (Load Date), die Datenquelle (Data Source) und ein Hash-Key gespeichert. Im Load Date wird das Ladedatum des Business Keys im Data Warehouse nachvollzogen. Im Feld Datenquelle wird nachvollzogen, aus welchem Quellsystem der Business Key kommt. (Linstedt 2018, 4 ff.) Ein Hub enthält keine weiteren beschreibenden Daten, also keine Attribute außer den erwähnten Pflichtfeldern. (Hultgren 2015, S. 5)

Linstedt definiert weitere Regeln für einen Hub in seiner Data Vault Data Modeling Specification 2.0.2 (Auszug):

- Ein Hub muss mindestens einen Business Key enthalten.
- Der Business Key eines Hubs muss 1:1 dem künstlichen Schlüssel (Hash Key) entsprechen, wenn dieser verwendet wird.
- Ein Hub darf keine Mischung aus verschiedenen Business Keys enthalten, die eigentlich für sich alleinstehen. Zum Beispiel sind Kundennummer und Rechnungsnummer zwei eigenständige Business Keys, die als zwei verschiedene Hubs zu definieren sind.
- Ein Hub sollte mindestens einen Satelliten bedienen. Hubs ohne Satelliten zeugen von einer schlechten Quelldaten-Qualität. Hubs ohne Satelliten haben keinen Kontext.
- Der Business Key eines Hubs muss in seiner Umgebung alleinstehend sein. Das heißt er ist die eindeutige Grundlage für den Benutzer, um Informationen im Quellsystem zu finden.
- Die Pflichtfelder Load Date Time Stamp und Record Source (Datenquelle) dürfen kein Teil des Primärschlüssels sein.

(Linstedt 2018, S. 11–12)

5.4 Links

Links sind die flexible Komponente des Data Vault Models. Sie halten alle Beziehungen von zwei oder mehr zusammengehörenden Business Keys (also von Hubs) zusammen. Dort, wo Business Keys miteinander interagieren, wird ein Link erstellt. Links können zum Beispiel auf Transaktionen, Beziehungen oder Interaktionen zwischen Geschäftsobjekten (Business Keys) beruhen. Ein Link ist also ein Kreuzungspunkt von Business Keys. (Linstedt und Graziano 2011, S. 7–9)

Weitere Regeln für einen Link sind nach Linstedt wie folgt definiert (Auszug):

- Ein Link muss zwei oder mehr Hub Primärschlüssel (Als Fremdschlüssel) enthalten.
- Ein Link kann niemals von einem anderen Link abhängen oder sich auf ihn beziehen.
- Ein Link kann zwei Schlüssel desselben Hubs enthalten um zum Beispiel eine hierarchische Beziehung darzustellen.
- Der Load Date Time Stamp eines Links muss ein Attribut des Links sein und darf niemals Teil des Primärschlüssels sein.
- Der zusammengesetzte Primärschlüssel eines Links muss unique (einzigartig und eindeutig) sein. Er enthält alle Business Keys (oder Hashes) der Ursprungs-Hubs. Ist dieser zu lang, kann aus den Ursprungs-Hubs auch ein Hash-Primärschlüssel erzeugt werden.
- Ein Link kann keinen oder beliebig viele Satelliten haben.
- Ein Link enthält ein Feld mit der Datenquelle, von der seine Informationen stammen (Record Source).

(Linstedt 2018, S. 10–14)

5.5 Satelliten

Die Satelliten enthalten beschreibende Informationen zu einem Business Key oder Link. Es kann mehrere Satelliten geben, um ein und denselben Hub oder Link zu beschreiben. Jedoch kann ein Satellit selbst nur einen Hub oder Link beschrieben. Die Pflichtfelder von Satelliten sind der künstliche Schlüssel des Hubs oder Links, den er beschreibt, der Zeitstempel des Ladezeitpunkts sowie die Datenquelle. Zudem enthält der Satellit die betreffenden beschreibenden Informationen des Hubs oder Links. (Hultgren 2015, S. 6)

Die Satelliten werden nur mit neuen Daten beschrieben, wenn es in den Daten mindestens eine Änderung gab. Der zusammengesetzte Primärschlüssel eines Satelliten ergibt sich aus dem Primärschlüssel des Links oder Hubs, den er beschreibt, zusammen mit dem Load Date Timestamp, also dem Zeitstempel des Ladezeitpunkts. (Linstedt und Graziano 2011)

Weitere Regeln für einen Satelliten sind nach Linstedt (Auszug):

- Ein Satellit kann niemals eigene Primärschlüssel, künstliche Schlüssel oder eigene Hash-Keys generieren.
- Ein Satellit muss mindestens ein beschreibendes Element über den Hub oder Link enthalten, dem er zugeordnet ist.
- Ein Satellit kann aggregierte oder systemseitig erstellte Attribute enthalten.
- Der Zweck eines Satelliten ist, Daten im Zeitverlauf zu speichern.

(Linstedt 2018, S. 14–15)

5.6 Zusammenfassung Data Vault

Linstedt und Graziano vergleichen das Zusammenspiel von Hubs und Links in einem Data Warehouse mit dem menschlichen Skelett und dem Rückgrat. Ohne dies könnte ein Mensch nicht existieren. Sie geben dem Datawarehouse notwendige Struktur. Sie formen die Grundlagen, wie die Daten zusammenhängen. Danach werden noch Satelliten hinzugefügt, sie werden verglichen mit der Haut, den Muskeln oder den Organen des Menschen. Sie fügen Farben, Frisuren, Augen und all die anderen Attribute hinzu, die benötigt werden um einen Menschen zu beschreiben. (Linstedt und Graziano 2011, S. 5) Die im Anhang 4 dargestellte Abbildung eines klassischen Data Vault Datenmodells zeigt einen zentralen Link, zwei Hubs und drei Satelliten. Mit etwas Phantasie lässt sich erahnen, dass der Link das Rückgrat darstellt und die Hubs weiteren Skelettknochen.

5.7 Modellierung eines Kassen-Bon Data Vault Modells

5.7.1 Vorgehensweise

Hans Hultgren gibt in seinem Data Vault Modeling Guide eine Empfehlung, in welchen Schritten bei der Modellierung eines Data Vault Datenmodells vorgegangen werden soll (Anhang 5). Zusammenfassend gilt, dass zunächst die Hubs identifiziert und modelliert werden, anschließend folgen die Links und zum Schluss wird das Datenmodell um die Satelliten ergänzt. (Hultgren 2015, S. 9)

5.7.2 Datenmodell

Aus den beschriebenen Entitätstypen Hub, Link und Satellit ergibt sich das nachfolgend dargestellte Datenmodell. Das Modell ist angelehnt an die Darstellung eines Kaufvorgangs in einem Coffee Shop in Hultgrens „Modeling the agile data warehouse with data vault". Es hat einen zentralen Link im Mittelpunkt. (Hultgren 2012, S. 295) Die Benennung der einzelnen Entitäten folgt den Naming Conventions von Dan Linstedts Data Vault Modeling Specification 2.0.2 die im Anhang 6 nochmals zu finden sind. (Linstedt 2018, S. 15–16)

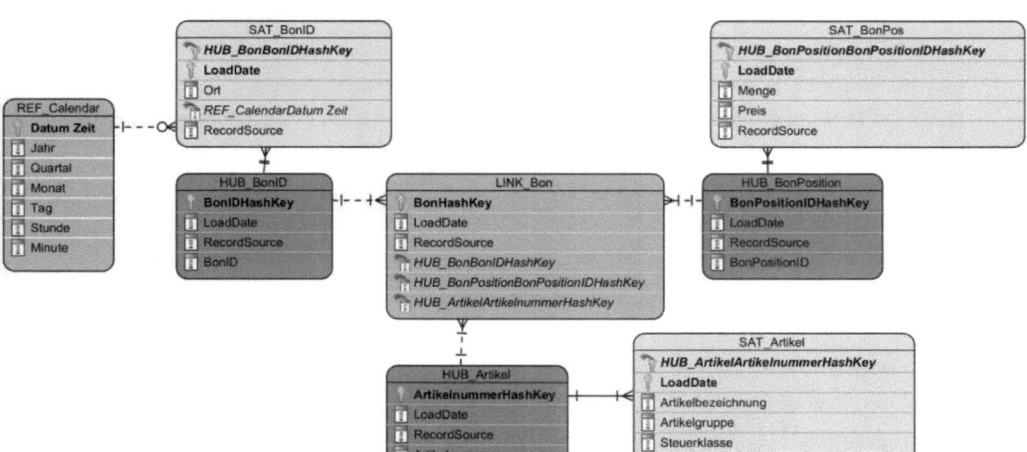

Abbildung 2 - Data Vault Datenmodell eines Kassen-Bons

5.7.3 Hubs

Basierend auf Hultgrens Empfehlung wurden zunächst die einzelnen Bestandteile des Kassenbons als Hubs identifiziert und modelliert. Diese sind die Bon ID, die Bon Position und der Artikel der einzelnen Bon Position. Die drei Hubs bestehen jeweils aus den Pflichtfeldern Load Date, Record Source, dem jeweiligen Business Key und als Primärschlüssel einem Hash-Key der aus dem Business Key berechnet wird.

5.7.4 Link

Die drei beschriebenen Hubs werden mit einem zentralen Link verbunden. Der zentrale Link enthält die Primärschlüssel der Hubs BonID, BonPosition und Artikel als Fremdschlüssel sowie die Pflichtfelder Load Date und Record Source. Der Primärschlüssel des Links ist ein Hash-Key der aus den drei Fremdschlüsseln der Hubs berechnet wird.

5.7.5 Satelliten und Referenztabelle

An jeden Hub wird nun ein Satellit angebunden. Die Satelliten haben immer einen zusammengesetzten Primärschlüssel, der aus dem Load Date und dem Primärschlüssel des verbundenen Hubs besteht.

Der Satellit Artikel enthält als zusätzliche Felder, neben den Pflichtfeldern Load Date und Record Source, beschreibende Informationen zu den Artikeln (Artikelbezeichnung, Artikelgruppe oder Steuerklasse). Der Satellit BonPos enthält zusätzlich Werte wie Menge und Preis der jeweiligen Bon-Position. Im Satelliten BonID ist neben dem Ort des Bons noch ein Fremdschlüssel zu einer Referenztabelle mit Datumswerten enthalten.

Die Referenztabelle Calendar bietet je Kassen-Bon-Timestamp (Datum Zeit) eine Kalenderstruktur für weiterführende Analysen nach bestimmten Zeitintervallen. Die Modellierung mittels einer Referenztabelle ist angelehnt an die Empfehlung von Linstedt und Olschimke. Dabei kann die Referenztabelle ohne einen Link direkt an den Satelliten angegliedert werden. Nach den Rahmenbedingungen von Data Vault ist die Modellierung einer Referenztabelle erlaubt, da es sich bei den Kalender-Daten um Daten handelt, die sich nicht verändern werden und statisch vorgegeben sind. (Linstedt und Olschimke 2016, S. 162–163)

6 Vor- und Nachteile der eingesetzten Modellierungstechniken und Fazit

6.1 Vor- und Nachteile Star-Schema

Das Star-Schema ist ein bewährtes und bekanntes Schema, um Daten innerhalb eines Data Warehouse zu modellieren. Wirft man einen Blick auf das Datenmodell, so wirkt es strukturiert und übersichtlich. Der Aufwand, ein solches Datenmodell zu erstellen, wird von mir als eher gering bewertet. Das Star-Schema ist, zumindest bei einfachen Anforderungen wie einem Kassen-Bon, schnell umsetzbar

Ein Nachteil ist die Denormalisierung, die viele unnötige, redundante, Daten entstehen lässt und möglicherweise Inkonsistenzen mit sich bringen kann. Diese entsteht zum Beispiel durch die gleichzeitige Abbildung der BonID und der BonPosID innerhalb einer Tabelle. Eine Historisierung der Daten ist bei einem Star-Schema schwer zu realisieren. Dies kann ein Nachteil sein.

6.2 Vor- und Nachteile Data Vault

Der Aufwand der Einarbeitung in Data Vault ist als sehr hoch einzustufen und die Umstellung des Denkprozesses weg vom Star-Schema hin zu Data Vault ist herausfordernd. Durch die sehr starke Normalisierung entstehen viele einzelne Tabellen und ein sehr großes, umfangreiches Datenmodell. Dies kann möglicherweise auch einen höheren Aufwand bei der Einrichtung der notwendigen ETL-Prozesse zur Folge haben. Meine persönliche Einschätzung zu Data Vault ist, dass ein sehr tiefes Wissen notwendig ist, um Data Vault korrekt anwenden zu können. Bevor ich das Data Vault Modell von Hultgrens Coffee-Shop-Beispiel fand, an das ich letztendlich mein Datenmodell angelehnt habe, hatte ich einen anderen Ansatz gewählt, der nicht ganz optimal gewesen wäre (Siehe Anhang 7).

Eine Stärke von Data Vault liegt meines Erachtens in der starken Normalisierung, da dadurch redundanzfrei Daten vorgehalten werden. Durch das Zusammenspiel von Hubs, Links und Satelliten ist eine einfache Erweiterung des Datenmodells möglich. Ein weiterer positiver Aspekt ist die mögliche Historisierung der Daten, da in den Satelliten ein eindeutiger Datensatz durch die Referenz zum verbunden Hub oder Link kombiniert mit dem Load Date Timestamp entsteht. Data Vault unterstützt zudem, aufgrund des Pflicht-Attributes Data Source, nativ die Anbindung verschiedener Datenquellen.

6.3 Fazit

Vergleicht man den Aufwand zur Einarbeitung und zur Erstellung des Datenmodells nach dem Star-Schema mit dem Aufwand zur Einarbeitung und zur Erstellung des Datenmodells nach Data Vault, so geht der Punkt klar an das Star-Schema. Obwohl ich beide Modellierungs-Techniken bisher selbst noch nie aktiv eingesetzt hatte, war der Aufwand für Data Vault enorm höher. Die Literaturrecherche und die Einarbeitung an sich sowie der immer wieder vorzunehmende Abgleich, ob das modellierte Modell auch allen Anforderungen entspricht, war extrem hoch. Dabei gibt es noch viele Aspekte von Data Vault, die von mir bislang noch gar nicht oder nicht detailliert betrachtet wurden. Wie etwa die Historisierung von Daten oder die Verwendung von NoSQL-Quelldaten. Das Verhältnis des Zeitaufwands für Recherche und Modellierung beim Star-Schema im Vergleich zu Data Vault lag bei mir in etwa bei 1:7.

Durch das Zusammenspiel von Hubs, Links und Satelliten fällt es leicht, das Datenmodell zu erweitern. Sollen zum Kassen-Bon beispielsweise Informationen wie eine Kundennummer gespeichert werden, könnte dies durch ein einfaches Austauschen des Links und das Andocken eines Kunden-Hubs mit entsprechendem Satelliten realisiert werden. Im Star-Schema müsste man hier entweder das Datenmodell umbauen, oder weitere Redundanzen in Kauf nehmen, indem die Faktentabelle erweitert und eine Dimensionstabelle hinzugefügt wird. Die Erweiterung wäre bei einem kleinen Geschäftsobjekt, wie einem Kassen-Bon, im Star-Schema nicht unmöglich, aber sie wirkt in Data Vault insgesamt etwas einfacher und aufgeräumter. Darum geht dieser Punkt an Data Vault.

Aktuell herrscht also Gleichstand auf dem Punktekonto. 1:1 für Star-Schema und Data Vault. Bei der Frage nach dem richtigen Instrument für ein Datenmodell gilt wieder einmal der bekannte Satz „Es kommt darauf an!". Soll ein Datenmodell erstellt werden, das sehr schnell verfügbar sein muss, dessen Daten nur aus einem Quellsystem kommen und sich die Datenmenge und -struktur nicht in absehbarer Zeit verändert, so kann man auch weiterhin gut mit dem Star-Schema leben. Möchte man hingegen ein Datenmodell erstellen, das mehrere Datenquellen vereint und muss man davon ausgehen, dass sich die Daten in absehbarer Zeit in ihrer Struktur auch verändern können oder erweitert werden, so ist es auf jeden Fall eine Überlegung wert, Data Vault in Erwägung zu ziehen. Ein weiteres Argument für Data Vault ist die Historisierbarkeit der Daten. Als wichtige Erkenntnis bleibt bei einem Data Vault Projekt der Hinweis, dass unbedingt genügend Zeit eingeplant wird, um sich in die Systematik einzuarbeiten und um die etwas komplexere Modellierung vorzunehmen.

VI. Anhänge und Materialien

Anhang 1. Kassenbon Aldi Süd

```
                ALDI SÜD
        Äußere Regensburger Str. 81
           95643 Tirschenreuth

                                    EUR
  9115  Fettarme Milch 1,5 %       0,61 A
  9115  Fettarme Milch 1,5 %       0,61 A
 36784  Freiland-Eier 6er          0,99 A
 51138  Streichfein ungesalzen     1,75 A
 33297  Joghurtminis               0,79 A
 40704  Frikadellen                1,99 A
  6658  Französischer Schnittk     1,99 A
 48862  Laugenbrezel               0,29 A
 48862  Laugenbrezel               0,29 A
 54367  Mandeln gehackt            0,89 A
 52441  Bio-Sultaninen             1,19 A
  3006  Mandeln gemahlen           0,89 A
 32914  Bio-Bananen                0,78 A
         0,452 kg x   1,69 EUR/kg

         + K U N D E N B E L E G +
  Terminalnummer              65238218
  Datum                     07.09.2018
  Uhrzeit                     14:50:41
  Beleg-Nr.                       2700
  Transaktions-Nr.               24025
              Kartenzahlung
              Visa Credit
  Betrag                     13.04 EUR
  Karte            ##############9012
  Kartenfolgenummer                 01
  Vertragsnummer             146935690
  EMV-AID            A0000000031010
  Genehmigungs-Nr.              856056
  EMV-DATA:
  0000000000////////6275A0C5/80
              Contactless
  ********************************
              Zahlung erfolgt
  ********************************
  AS-Proc-Code = 00 075 00
  Capt.-Ref.= 0767
  AID59: 061316

  S u m m e              13,04
  13 Artikel
  VISA           EUR          13,04

  A 07,0% Netto     12,19 MwSt   0,85
  1049 021/015/002/014 07.09.18 14:50

         Unsere Öffnungszeiten
   Mo - Sa: 8:00 Uhr - 20:00 Uhr

    Ust.-ID-Nr.: DE 120353557
           VIELEN DANK
       FÜR IHREN EINKAUF

  ********************************
 *Bunte Themen, Tipps & Trends gesucht? *
 *  Entdecken Sie aldi-inspiriert.de    *
 *    Jetzt auch mit Merkliste.         *
```

Abbildung 3- Kassen-Bon Aldi Süd

The Data Vault is a detail oriented, historical tracking and uniquely linked set of normalized tables that support one or more functional areas of business. It is a hybrid approach encompassing the best of breed between 3rd normal form (3NF) and star schema. The design is flexible, scalable, consistent, and adaptable to the needs of the enterprise. It is a data model that is architected specifically to meet the needs of today's enterprise data warehouses.

The Data Vault model follows all definitions of the Data Warehouse (as defined by Bill Inmon) except one: the Data Vault is functionally based, not subject oriented – meaning that the business keys are horizontal in nature and provide visibility across lines of business. (Linstedt und Graziano 2011, S. 1)

Anhang 3.   BI-Architektur mit Data Vault

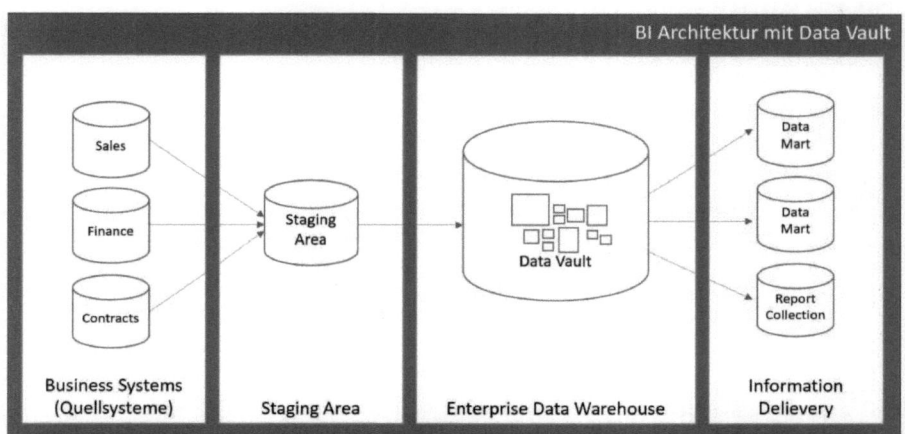

Abbildung 4 - BI-Architektur mit Data Vault - Angelehnt an "Building a Scalable Data Warehouse with Data Vault 2.0" Figure 2.2 (Linstedt und Olschimke 2016, S. 22)

Anhang 4.   Klassisches Data Vault Datenmodell

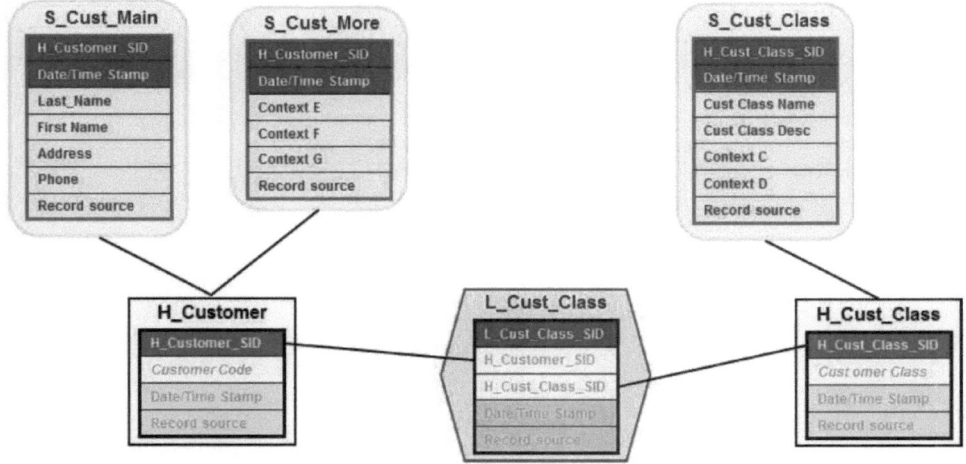

Abbildung 5 - Darstellung eines klassischen Data Vault Datenmodells mit Hub, Links und Satelliten (Hultgren 2015, S. 6)

Anhang 5.   Vorgehensweise Modellierung Data Vault Modell (Steps to modeling with Data Vault)

STEP	TASK
1.1	Identify Core Business Concepts
1.2	Find/Establish Best EWBK for Hubs
1.3	Model Hubs
2.1	Identify Natural Business Relationships
2.2	Analyze Relationships Unit of Work
2.3	Model Links
3.1	Gather Context Attributes that Define Keys
3.2	Establish Criteria & Design Satellites
3.3	Model Satellites

Abbildung 6 - Vorgehen zur Modellierung eines Data Vault Modells (Hultgren 2015, S. 9)

Anhang 6. Entity Naming Conventions

Entity Type	Prefix or Suffix
Hub	**H, HUB, HB**
Link	**L, LINK, LNK**
Satellite	**S, SAT**
Stage	**STG**
Hierarchical Links	**HL, HLNK, HLINK**
Same-As Links	**SAL, SALNK, SLNK**
Point-in-Time	**PIT, PT**
Bridge	**B, BRDG, BRG**
Business Hub	**BH, BHUB**
Business Link	**BL, BLNK, BLINK**
Business Satellite	**BS, BSAT, BST**
View	**V**
View Dimension	**VDIM, VD**
View Fact	**VF, VFCT**
Fact	**FCT, FACT, F**
Dimension	**D, DIM**
Report Collection	**RPT, RC**

Tabelle 1 - Data Vault Naming Conventions aus Data Vault Modeling Guide 2.0. 2(Linstedt 2018, S. 16)

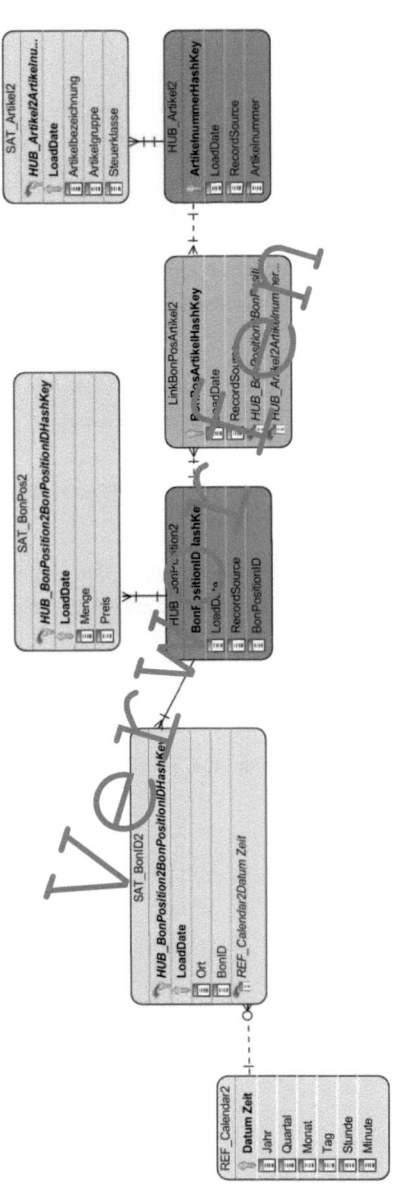

Abbildung 7 - Verworfenes Data Vault Datenmodell

7   Literaturverzeichnis

Hultgren, Hans (2012): Modeling the agile data warehouse with data vault. 1. Aufl. Denver, Stockholm, NYC, Sydney: New Hamilton.

Hultgren, Hans (2015): DATA VAULT MODELING GUIDE. Online verfügbar unter https://www.tdwi.eu/fileadmin/tdwi/ext_wissen/whitepaper/centinnium-data-vault-modeling-guide.pdf, zuletzt geprüft am 12.09.2018.

IUBH (2018): Leitfaden zur Erstellung von Projektberichten. Kurs: Projekt Business Intelligence (IWBI02).

Kimball, Ralph (1997): A Dimensional Modeling Manifesto - Kimball Group. Online verfügbar unter https://www.kimballgroup.com/1997/08/a-dimensional-modeling-manifesto/, zuletzt geprüft am 10.09.2018.

Linstedt, Dan (2018): Data Vault Data Modeling Specification v 2.0.2. Focused on the Data Model Components. Hg. v. Dan Linstedt. Online verfügbar unter Download nach Registrierung: http://datavaultalliance.ace-mlnc.com/lt.php?s=ed8347c8222830323f32a0764e7eb481&i=5A10A1A13, zuletzt geprüft am 11.09.2018.

Linstedt, Dan; Graziano, Kent (2011): Introduction to Data Vault Modeling. Hg. v. Dan Linstedt und Kent Graziano. Online verfügbar unter https://kentgraziano.files.wordpress.com/2012/02/introduction-to-data-vault-modeling.pdf, zuletzt geprüft am 12.09.2018.

Linstedt, Dan; Olschimke, Michael (2016): Building a scalable data warehouse with Data Vault 2.0. 1. Aufl. Waltham, MA: Morgan Kaufmann.

Trahasch, Stephan; Zimmer, Michael (2016): Agile Business Intelligence: Theorie und Praxis. 1. Aufl. Heidelberg: dpunkt.verlag.